TRAITÉ
DE L'ART DE FAIRE DES ARMES,

PAR

Pierre Baillon,

Chevalier de la Légion-d'Honneur, ex-premier Maître d'Armes dans le 7me Régiment de Chasseurs, devenu 2me après 1830, actuellement professeur d'Escrime à l'Ecole de

Sorèze (Tarn.)

CASTRES.

Imprimerie de Veuve GRILLON, rue Sabatterie, n° 8.

TRAITÉ

DE L'ART DE FAIRE DES ARMES,

PAR

Pierre Baillon,

Chevalier de la Légion-d'Honneur, ex-premier Maître d'Armes dans le 7me Régiment de Chasseurs, devenu 2me après 1830, actuellement professeur d'Escrime à l'Ecole de

Sorèze (Tarn.)

1853.

CASTRES.

Imprimerie de Veuve GRILLON, rue Sabatterie, nº 7.

VIE DE L'AUTEUR.

Je suis né à Vence (Var), dès mon enfance je montrai beaucoup de dispositions pour les exercices du corps ; arrivé à l'âge de l'adolescence, je pris du goût pour les arts et par-dessus tout pour l'exercice des Armes. L'espadron était alors en usage ; je me livrai pendant quelque temps au maniement de cette arme ; j'y devins bientôt d'une force passable, mais reconnaissant le peu de latitude qu'elle offrait à l'adresse et à l'agilité, je me décidai à l'exercice de la pointe. Ce fut à 18 ans que je commençai à m'y livrer. M. Fagelle, professeur d'escrime, voulut bien, en qualité d'ami, me développer les principes de cet art, et parvenu à une force passable en 1809, je fus récompensé de mes travaux en recevant des propres mains du prince Eugène une épée d'honneur, lors d'un grand assaut d'armes que je soutins, comme amateur, à Vérone (Italie) contre les principaux premiers maîtres d'armes des différents régiments qui se trouvaient à cette époque réunis dans cette localité. J'étais âgé de 20 ans à cette époque. Cinq ans plus tard (le 1er octobre 1814), étant alors au 1er régiment de ligne d'infanterie du roi, mon brevet de maître me fut délivré, et en 1819 je passai comme maréchal-des-logis au 7me régiment de chasseurs à cheval, où je fus nommé premier maître d'armes par ordre ministériel. J'occupai cet emploi jusqu'en 1837, époque à laquelle je pris ma retraite, avec la satisfaction d'avoir eu pendant de longues années le bonheur de former plusieurs sujets.

Un emploi de professeur d'escrime au collége de Montolieu (Aude) m'étant offert, je l'acceptai et j'y demeurai jusqu'à l'époque de sa fermeture d'où je suis venu à l'Ecole de Sorèze occuper les mêmes fonctions, que je remplis depuis 11 années à ma grande satisfaction, ne redoutant que l'arrivée du moment où mon âge me forcera à abandonner un établissement dans lequel, Directeur, Professeurs et Elèves, n'ont jamais cessé de me démontrer toutes leurs sympathies qui ont au reste trouvé un écho retentissant dans mon cœur.

Sorèze, le 10 Avril 1853.

Baillon.

PRÉFACE.

L'ESCRIME, pratiquée chez les anciens par des athlètes et des gladiateurs, a reçu des peuples modernes une application plus noble et plus utile : cet art est aujourd'hui le complément d'une éducation libérale et remplace la gymnastique des Grecs et des Romains. De savants médecins recommandent l'exercice des armes comme le plus propre à donner au corps une constitution robuste; et d'illustres philosophes, en traitant de l'éducation de l'enfance, ont signalé les avantages de l'escrime, relativement à la souplesse et à la grâce qu'elle imprime à tous les mouvements de l'élève.

Locke, surtout, apprécie ses heureux effets et la conseille comme un moyen sûr de hâter le développement des forces physiques et de rompre le corps aux attitudes les plus nobles.

Toutes les poses qu'affecte le tireur sont, en effet, pleines d'élégance et de dignité. Rien n'égale la rapidité de son coup d'œil, la vitesse et la précision de ses mouvements; ses muscles constamment en jeu acquièrent une élasticité, une force qui double son agilité; ses bras ont plus de vigueur, sa démarche a plus d'assurance, et l'habitude des assauts donne à son maintien un caractère imposant. Aussi le maître d'armes est-il généralement accueilli dans tous les établissements d'instruction publique. C'est à tort que la sollicitude des pères et des mères s'alarmerait des prétendus dangers de l'escrime : un étourdi, un brutal aura toujours sous la main des armes plus terribles que l'épée pour le dénoûment de ses mauvaises querelles; mais l'escrime ne sera jamais pour le jeune homme bien élevé, ou qu'un délassement honnête, ou qu'un moyen précieux de défense, dans le cas d'une injuste agression.

J'ai tâché de résumer en un petit nombre de principes l'attaque et la défense du tireur, et, sous ce rapport, mon livre sera de quelque utilité aux commençants : les amateurs déjà exercés pourront y trouver quelques nouvelles théories que m'a fait adopter une assez longue expérience dans l'enseignement des armes.

RÉSUMÉ

Sur les précautions que doit prendre un Maître dans la démonstration.

Un maître doit d'abord s'étudier à connaître le caractère ainsi que les facultés physiques et morales de ses élèves, ceci est de la plus grande importance afin de pouvoir baser la manière d'enseigner sur les moyens des élèves qui peuvent varier à l'infini, et se garder de faire comme beaucoup de démonstrateurs qui enseignent tous les jeunes gens de la même manière, et les conduisent tous par la même route. Je suis loin de penser que cet ouvrage n'éprouvera aucune critique. S'il en était ainsi, ce serait sa condamnation. Une critique sévère me prouvera qu'il a fixé l'attention du public. Au reste, j'écouterai toujours avec reconnaissance, les justes observations qui me seront faites, ayant soin de les distinguer d'avec celles qui ne seraient dictées que par la jalousie ou l'ignorance, opiniâtrement attachées aux anciennes maximes, et qui jugent un ouvrage, non sur ce qui est, mais bien d'après le rapport qu'il a avec des habitudes et des préjugés.

TRAITÉ D'ARMES.

Première Section.

PREMIÈRE POSITION.

Le corps doit être parfaitement droit, la tête libre, aisée, d'aplomb, et dégagée des épaules, les bras tombant naturellement sur les côtés; la lame du fleuret dans la main gauche, en-dessous de la coquille, comme si elle était dans un fourreau, sans que le bouton touche à terre. Les pieds doivent être placés en équerre, les talons unis, la pointe du pied droit vis-à-vis la pointe du pied gauche de votre adversaire; les jambes tendues sans les raidir; la tête et le corps effacés de manière à présenter le moins de front possible, sans cependant rentrer trop l'épaule gauche, ce qui ferait croiser les jambes en exécutant le développement; les yeux fixés principalement sur la main droite de l'adversaire, ainsi que sur le reste de son corps (*Voyez fig.* 1). Ainsi placé levez le bras droit avec grâce, passez-le aisément devant le corps, en même temps que la main gauche porte la poignée du fleuret dans la main droite, à la hauteur du front; tirez le fleuret comme s'il était dans un fourreau, et placez de suite la pointe au corps de l'adversaire, en tenant le coude un peu courbé, et en dedans, à la distance de six pouces de votre corps, les ongles tournés un peu en l'air, le pommeau à la hauteur du téton droit, et la pointe à la hauteur de l'œil droit; en même temps, levez le bras gauche, le coude un peu courbé, de manière que la paume de la main soit à la hauteur du sommet de la tête, et tournée en dedans, formant un demi-cercle de la main à l'épaule.

La monture du fleuret doit être placée dans la main droite, de manière que les côtés forment deux lignes horizontales, le pouce allongé sur la partie supérieure de la poignée, à un demi-pouce de la coquille, l'index au-dessous de la courbe, et le pommeau sous le gras de la main.

DEUXIÈME POSITION.

Quand vous vous trouverez dans la position ci-dessus décrite, pliez aisément les genoux jusqu'à ce que le gauche couvre le pied gauche, avancez en même temps le pied droit à près de deux semelles dans la ligne du talon gauche, la pointe en face de celle du pied gauche de l'adversaire; la ligne du genou droit devant couvrir la boucle du soulier du pied droit (1), la hanche droite un peu cavée, de manière que le buste et les bras ne perdent rien de leur première position (*Voyez fig.* 2).

Cette position est la plus convenable pour exécuter aisément tous les mouvements des armes, et pour se défendre contre les attaques de l'adversaire; c'est ce que l'on appelle être en garde.

Pour s'assurer si l'on est solidement placé en garde, il faut faire deux appels du pied, que l'on exécutera en frappant deux fois du pied droit à plat, observant que le reste du corps doit conserver la même position et l'épée la même ligne.

---

(1) Les premiers traités d'armes ayant été écrits du temps où la boucle servait d'ornement à la chaussure, j'ai conservé cette expression, comme généralement adoptée : l'on entend bien par là que la ligne du genou droit doit correspondre à celle qui termine le coude-pied.

On recommande de répéter de temps en temps les appels du pied afin de s'assurer si le corps est d'aplomb, et si le poids est sur la partie gauche.

MARCHER A L'ÉPÉE.

Pour marcher à l'épée, portez le pied droit en avant, à la distance d'environ une semelle, sur la ligne du talon gauche, à la pointe du pied gauche de l'adversaire, en avançant de suite le pied gauche dans la même proportion, pour regagner la première position. On doit tâcher de donner à ce mouvement le plus d'ensemble possible.

ROMPRE A L'EPEE.

Pour rompre, on fait, en sens contraire, le mouvement ci-dessus, c'est-à-dire en retirant le pied gauche le premier, et en le remplaçant par le pied droit. On doit observer dans ces deux mouvements de faire le pas court, particulièrement en avançant, puisque l'on avance sur la pointe de l'épée de l'adversaire, ayant soin de raser le sol avec les pieds, de maintenir les genoux pliés et placés comme à la position de la garde. Ce mouvement doit toujours se faire avec précaution, en fermant la ligne de quarte, quand on marche à l'épée de quarte, et de tierce, quand on marche à l'épée de tierce; c'est-à-dire, on doit fermer la ligne du coup droit dans quelque position que l'on puisse se trouver. Pour empêcher le coup d'arrêt, fermez la ligne en opposant le fort de votre fleuret (1) au faible de celui de l'adversaire, sans le forcer, de manière à en écarter la pointe de votre corps.

On appelle coup d'arrêt lorsque, ne cherchant pas à parer l'attaque, on allonge le bras sur la feinte de l'adversaire; on ne doit se servir du coup d'arrêt que lorsqu'on est attaqué par plusieurs feintes, parce qu'il est presque impossible d'arrêter l'adversaire s'il vous attaque par un dégagement ou par une deux.

Deuxième Section.

PARADE DE QUARTE.

La parade de quarte se fait contre toute attaque dans les armes; pour l'exécuter, opposez le fort de votre lame au faible de celle de l'adversaire, de manière à écarter sa pointe de la ligne de votre corps, du côté gauche, sans perdre la position de votre garde, ni trop porter votre poignet du côté gauche, et sans écarter votre pointe de la ligne de son corps.

Dans cette parade il n'y a que le poignet et l'avant-bras qui doivent agir par un petit mouvement.

PARADE DE TIERCE.

La parade de tierce se fait en tournant la main, les ongles en-dessous, et le reste du mouvement comme à la parade de quarte, mais du côté opposé. Vous pouvez aussi parer tierce sans tourner le poignet, en le conservant dans la position de quarte; lorsque cette parade est faite de cette manière, on l'appelle quarte sur les armes.

PARADE DE DEMI-CERCLE.

La parade de demi-cercle se fait généralement pour la défense des coups bas,

---

(1) La lame se divise en trois parties égales, savoir: fort, fort faible et faible.

portés dans les armes ; on doit toujours avoir son poignet plus haut que le faible de la lame de l'adversaire.

Pour l'exécuter, tournez votre poignet comme à la parade de quarte, de manière que la pointe de votre lame soit dans la ligne du flanc droit de votre adversaire ; saisissez son faible avec votre fort, de manière à l'écarter de la ligne, en étendant le bras droit et en ayant la poignée à la hauteur du menton.

PARADE D'OCTAVE.

Cette parade se fait avec le poignet, dans la même position qu'au demi-cercle, mais du côté opposé, et à la hauteur de l'épaule droite.

La parade du cercle se fait contre un coup bas porté en dedans, celle d'octave contre un coup sous le bras.

PARADE DE PRIME.

La prime est une opposition aux coups hauts ; elle se forme en élevant la main avec les ongles tournés en tierce, à la hauteur et près du front, laissant tomber la pointe plus bas que le poignet, mais dans la ligne de l'épaule droite de l'adversaire, de manière qu'avec votre lame vous couvriez toute la partie supérieure de votre corps.

PARADE DE QUINTE.

On fait généralement la parade de quinte après la parade de prime ; elle s'exécute en baissant suffisamment la pointe de l'épée pour couvrir le corps en-dessous du bras. Allongez le bras et saisissez en même temps avec votre fort le faible de votre adversaire, dirigeant votre pointe sur son corps, dessous le bras ; le poignet à la hauteur de l'épaule droite.

Ces six parades doivent être employées dans les cas suivants, savoir : tierce et prime pour les attaques sur les armes, quarte et cercle pour défendre le dedans des armes, quinte et octave pour les coups dirigés sous le bras. Tous les coups portés bas, dans la ligne de quarte, se parent par quarte basse, qui est la même que la parade de quarte, excepté que l'on baisse un peu le poignet pour trouver le fer de l'adversaire. On peut aussi parer les coups bas par le cercle.

CONTRE DE QUARTE.

Cette parade se fait généralement de l'engagement en quarte sur le dégagement de l'adversaire, en décrivant un cercle autour de son épée, au-dessous de son poignet, et revenant à la première position de quarte. On peut prendre cette parade contre tous les coups portés en dehors. Monsieur Laboissière, dans son traité, dit, au chapitre du contre de quarte, qu'il doit être considéré comme parade générale, attendu qu'il parcourt toutes les lignes dans lesquelles on est susceptible d'être touché, soit dessus, soit dessous, en dedans, ou en dehors, et que le contre doit être fait par un cercle de la pointe, aussi petit que possible, afin d'être plus prompt à la parade.

Monsieur Rolando, dans son traité sur les armes, dit aussi que le contre de quarte est la parade principale, et que lorsqu'on l'acquiert en perfection on est presque maître des grands *requisits* en fait d'armes. Par cette parade on trompe presque toutes les intentions de l'adversaire, parce qu'elle enveloppe à peu près tous les coups d'armes ; il n'y a pas de parade plus sûre dans un assaut.

CONTRE DE TIERCE.

Ce contre se prend généralement de l'engagement de tierce sur le dégagement de l'adversaire, en décrivant un petit cercle autour et au-dessous de son épée', en revenant à la première position en tierce. On se sert de cette parade contre les coups portés en dedans.

Il est inutile de décrire les parades contre de cercle, contre d'octave, contre de prime, et contre de quinte, puisqu'en connaissant les parades contre de quarte et contre de tierce on pourra prendre facilement le contre des quatre autres parades ; car la seule différence est de suivre le fer de l'adversaire en-dessus du poignet au lieu d'en-dessous.

Troisième Section.

DEMI-ALLONGE.

La demi-allonge se fait en tendant le bras droit de toute sa longueur, en élevant le poignet jusqu'à la hauteur du front, la pointe de l'épée à la hauteur du téton droit de l'adversaire, le bras gauche étendu le long de la jambe, la main détachée d'environ sept à huit pouces de la couture du pantalon, les doigts étendus, le pouce en l'air et la paume de la main en dehors ; le jarret vigoureusement tendu, en portant le poids du corps sur la partie droite, de manière que le genou droit couvre le pied droit. (*Voyez fig.* 3.)

DE LA FENTE, OU DEVELOPPEMENT.

La fente se fait en portant le pied droit en avant de deux semelles, ce qui forme d'un talon à l'autre à peu près quatre semelles. Le pied droit placé solidement sur le terrain, en ligne droite du talon gauche, à la pointe du pied gauche de l'adversaire, de manière que le genou droit soit perpendiculaire à la boucle du soulier. Le jarret gauche tendu sans raideur, le pied gauche à plat et assuré, afin que le poids du corps, qui doit être d'aplomb sur les hanches, soit divisé sur les deux parties. Le bras et la main gauche doivent être dans la même position que pour la demi-allonge. (*Voyez fig.* 4).

Il y a des professeurs qui ne font pas faire aux élèves la demi-allonge avant d'achever le développement, et leur font seulement étendre le bras, ce qui ne me paraît pas être aussi avantageux, parce que, dans les feintes, l'on doit graduellement s'approcher du corps de l'adversaire, ce qui lui rendra la parade plus difficile, et l'on peut aisément concevoir qu'il est plus facile de parer une botte portée par un tireur qui développera de la position de garde, seulement avec le bras étendu, que celle qui sera portée par un autre tireur après avoir fait la demi-allonge.

POUR SE REMETTRE EN GARDE.

Pliez le jarret gauche, relevez-vous en rapportant le pied droit à la place où il était avant le développement, ouvrez les genoux, élevez le bras gauche en l'arrondissant, et la main placée ainsi qu'il a été expliqué à la position de la garde.

Quatrième Section.

DES COUPS DROITS.

Quand et comment on doit tirer les coups droits.

On appelle coup droit tout coup porté par le simple développement dans tous les engagements.

On attaque son adversaire par un coup droit toutes les fois que, par sa position en garde, il vous laisse assez de jour pour le toucher, ou lorsqu'en baissant son poignet, vous pouvez atteindre son corps du côté où vous joignez les lames; ayant cette occasion, levez subitement le poignet, et exécutez avec rapidité le mouvement du développement, en observant de porter le fort de votre lame au faible de celle de l'adversaire (ce que l'on nomme opposition) pour éviter le coup pour coup, ou coup fourré.

On appelle coup fourré, ou coup mutuel, toutes les fois que, par accident, et en même temps, les deux parties attaquent ensemble. Ces coups ne sont pas tenus pour bons, à moins qu'un des tireurs, manquant de fixer la botte, l'autre réussisse à le faire; dans ce cas le coup est compté pour ce dernier; mais si, quand vous attaquez l'adversaire, il voit qu'il ne peut se défendre, et porte intentionnellement coup pour coup, ou coup mutuel, sa botte ne doit pas être comptée. Il n'y a rien de plus désagréable à voir que deux tireurs qui s'attaquent en même temps, parce qu'il en résulte des coups mutuels; ce que l'on doit particulièrement éviter en parant l'attaque de l'adversaire.

DE L'OPPOSITION.

Le mot opposition signifie l'acte de couvrir son corps, au moment du développement, du côté où les fleurets se croisent, ce qui empêchera l'adversaire de rendre coup pour coup. En portant un coup dans les armes, si l'opposition est bien faite, le bras droit doit être étendu obliquement vers l'épaule droite de l'adversaire, de manière qu'étant fendu, on puisse voir son corps au-dessus du bras, parce que, s'il tâche de vous arrêter, sa pointe passera sur votre côté gauche, sans pouvoir atteindre le corps, comme à la parade de quarte.

L'opposition de tierce est tout-à-fait l'inverse. On doit la faire toutes les fois que l'on veut attaquer par un coup droit sur les armes. Ce coup s'exécute chaque fois que l'on est engagé en tierce, alors on trouve l'épée de l'adversaire le long du bras du côté droit.

L'opposition sur les autres coups est fondée sur les mêmes principes, c'est-à-dire que l'on doit couvrir son corps du côté où l'on fait l'attaque, en opposant suffisamment le fort de son épée au faible de celle de l'adversaire, pour pouvoir détourner la pointe hors de la ligne de votre corps.

On se sert fréquemment du coup droit comme riposte, après avoir vivement paré l'attaque de l'adversaire; ce mouvement doit s'exécuter promptement, pour tâcher de l'atteindre avant qu'il ne se remette en garde.

Il y a deux manières de riposter : l'une de pied ferme, et l'autre en développant; mais il est préférable de chercher à développer lorsque l'on riposte, car si l'on contracte l'habitude de riposter de pied ferme on perdra souvent la riposte, parce que l'adversaire, en reprenant promptement sa garde, se mettra hors de portée; cependant, conformez-vous à la distance.

Tous les coups dans les armes doivent être tirés en opposition de quarte, excepté un coup droit porté sous le bras de l'adversaire, que l'on nomme seconde; ce coup droit ne doit se tirer que lorsque l'adversaire force la lame en quarte; alors on tourne la main, les ongles en-dessous, comme en quinte, et l'on exécute vivement le développement. L'opposition, dans ce cas, est vers le dehors de votre corps, de manière que l'épée de l'adversaire passe du même côté qu'à la parade de quinte. Ce coup s'emploie plus souvent comme riposte que comme attaque.

DE LA PARADE DES COUPS DROITS.

Lorsque les coups droits sont portés dans les armes, la défense la plus sûre est la parade de quarte ; pour ceux en-dessus on peut se servir des parades tierce ou prime, comme étant les plus certaines, et pour ceux en-dessous, employez les parades octave ou quinte.

Cinquième Section.

DES DÉGAGEMENTS.

Quand et comment on doit se servir des dégagements.

Il y a deux sortes de dégagements : le dégagement forcé, et le dégagement volontaire. Le dégagement forcé est celui que l'adversaire vous oblige de faire en vous forçant l'épée. Il se fait aussitôt que le fort de l'épée de l'adversaire force votre faible, pour l'empêcher de vous toucher par un coup droit.

Le dégagement volontaire se fait de la manière suivante : supposez un engagement en quarte, sans quitter la lame de l'adversaire, avancez votre pointe vers son corps, en allongeant le bras en opposition, ce qui l'obligera, en toute probabilité, de former la parade de quarte, dégagez alors immédiatement en changeant votre pointe de dedans . au-dessus des armes, passant en-dessous de l'épée, étendez le bras, décrivant un petit cercle aussi vite que possible, observant de diriger votre pointe à la hauteur de la poitrine de votre adversaire, sans changer la position de quarte, excepté dans l'opposition qui sera alors en-dessus des armes ; développez ensuite le plus rapidement possible.

On se sert du dégagement comme riposte lorsqu'on a paré une attaque, et que l'adversaire, en se relevant en garde, ferme la ligne du coup droit ; saisissez alors l'occasion de dégager du côté où le jour vous est donné, et fendez-vous à fond avec vitesse.

Il y a aussi une autre espèce de dégagement appelé *coupé*, que l'on emploie généralement comme riposte quand l'adversaire, en venant à la position des parades quarte ou tierce, force votre épée hors de la ligne de son corps ; alors levez un peu le poignet en élevant votre épée au-dessus de la pointe de celle de votre adversaire ; ensuite, baissez votre pointe jusqu'à la ligne directe, et fendez-vous à fond ; ce mouvement doit se faire avec beaucoup de vitesse. Tous les autres dégagements en cercle, octave, quinte et prime, se font en dégageant en-dessus de la lame de l'adversaire, ce qui est la seule différence des dégagements en quarte et tierce.

DE LA PARADE DES DÉGAGEMENTS.

Le dégagement dessus les armes peut être paré par tierce ou prime ; cependant, la première de ces parades est la plus sûre, si l'on est assez leste, en prenant le contre de quarte on peut parer aussi le simple dégagement sur les armes. Le dégagement dans les armes se pare avec quarte haute ou basse, suivant l'attaque de l'adversaire, et aussi par le contre de tierce, si l'on est supérieur en légèreté.

On peut aussi parer le dégagement, s'il est tiré bas, par la parade du demi-cercle, et, s'il est tiré de la position du cercle, on le pare par octave ou quinte.

On peut aussi parer le dégagement, en partant de la position de cercle, qui est porté sous le bras, par le contre de cercle, ce qui remettra la pointe adverse à sa première position ; de même, le dégagement, partant de la position d'octave, peut être paré par le contre d'octave. si l'on est supérieur en légèreté. On pare aussi le dégagement d'octave, s'il est tiré bas, par quarte ou cercle.

Le dégagement, après l'engagement de quinte, doit être paré par prime, ce qui est la parade la plus sûre ; mais on peut employer quarte ou tierce.

On ne doit riposter que lorsque l'adversaire s'est remis en garde, excepté pour la riposte du coup droit, qui doit se faire immédiatement après la parade, et avant que l'adversaire puisse se remettre en garde, ou porter sa pointe dans la ligne.

On ne doit jamais quitter la lame de l'adversaire lorsqu'il est fendu, parce que sa pointe étant plus près de votre corps que la vôtre du sien, il pourrait faire une remise de main.

On fait la remise de main, lorsque l'adversaire quitte trop tôt votre lame pour riposter, après avoir paré votre attaque, c'est-à-dire, avant de vous avoir laissé reprendre votre garde : dans ce moment, remettez le poignet en ligne, en inclinant le corps en arrière, ensuite pliez le genou gauche, sans changer la position des pieds, et, sans vous arrêter, reprenez la position du développement, en dirigeant l'épée sur son corps.

On doit observer une opposition correcte dans toutes les attaques et ripostes, pour ne point être exposé aux coups fourrés.

Sixième Section.

DE LA MANIÈRE DE LIER LE FER.

Quoiqu'il existe plusieurs manières de lier le fer, je ne recommanderai que la suivante, appelée *Flanconnade*. On la commence lorsque les lames sont jointes en quarte ; alors, retirez suffisamment le poignet vers le corps, de manière que vous puissiez opposer le fort de votre lame au faible de celle de l'adversaire, et, de cette position, liez immédiatement votre lame au-dessus de celle de l'adversaire, sans la quitter ; portez votre pointe en ligne de son corps, au-dessous de son bras, ensuite fendez-vous à fond, en opposition d'octave.

On doit se servir de cette attaque particulièrement lorsqu'on tire avec un adversaire plus grand que soi, et qui force votre fer. On s'en sert aussi pour riposte après la parade de quarte, ou du contre de quarte, et que l'adversaire menace d'une remise avec le bras étendu, ou qu'il ne recouvre pas de suite sa garde, mais qu'il presse votre lame pendant qu'il est fendu, ou lorsqu'il se remet en garde avec sa pointe en ligne et son bras étendu, parce qu'il serait très dangereux de quitter sa lame pour faire un autre riposte.

DE LA PARADE DE LA FLANCONNADE.

La flanconnade se pare par octave, quinte, ou quarte ; cette dernière parade s'exécute ainsi : lorsque l'adversaire vous lie le fer, et force sa pointe dans la ligne au-dessous de votre bras, baissez de suite le poignet en élevant la pointe ; en même temps, croisez la lame de l'adversaire sans la quitter, et portez sa pointe dans la position de quarte, en reprenant l'opposition comme à la parade. Cette parade exige de la pratique, étant un peu difficile ; mais, quand on en a l'habitude, elle est préférable aux autres.

Il y a aussi une autre manière de lier le fer, après avoir fait la parade de prime ; elle s'exécute de la manière suivante. Tournez vivement la main de prime en quarte, et, en même temps, saisissez vigoureusement avec votre fort le faible de la lame de l'adversaire pour porter votre pointe dans la ligne dessus les armes ; ensuite, fendez-vous à fond en opposition de tierce. Ce coup se pare par tierce.

Septième Section.

DES FEINTES UNE-DEUX.

Cette feinte s'exécute ainsi. Les lames étant jointes en quarte, menacez l'adversaire par un léger mouvement dessus les armes, en allongeant le bras comme pour dégager, en décrivant un petit cercle au-dessous du poignet, ce qui l'obligera à venir à l'opposition de tierce; alors, dégagez immédiatement dans les armes en faisant la demi-allonge en opposition de quarte, et fendez-vous à fond.

Ce mouvement est détaillé pour faire connaître que l'on doit graduellement s'approcher du corps de l'adversaire, dans toutes les feintes.

PARADE D'UNE-DEUX.

Comment on doit parer la feinte une-deux.

Si l'attaque est faite dans les armes, on doit se servir de la parade de quarte, qui est la défense la plus sûre et la plus prompte; on peut aussi la parer par le contre de tierce pris sur le second dégagement de l'adversaire, quand on peut se fier à sa supériorité en vitesse. On pare aussi par demi-cercle, octave, quinte et prime.

Une-deux sur les armes se pare par tierce, prime, ou contre de quarte. L'observation précédente sur le contre de tierce est applicable au contre de quarte.

Si l'on tire une-deux, de la position de cercle, on la parera par quarte, ou cercle, mais il vaut mieux se servir de la première, à moins que le coup ne soit dirigé bas.

Si l'on tire une-deux, de la position d'octave, on doit parer avec octave ou quinte.

On se sert aussi de la feinte une-deux pour riposte après les parades quarte ou tierce, au moment où l'adversaire reprend sa position de garde, et quelquefois après les parades cercle et octave, avec cette différence que les dégagements doivent être faits au-dessus de sa main au lieu du dessous de sa lame, ainsi qu'il suit, après avoir formé la parade de cercle, lorsque l'adversaire retourne à sa position de garde, avec la pointe de son épée plus basse que son poignet, couvrant son corps du côté où vous joignez les lames, faites vitement votre première feinte, en dégageant au-dessus de son poignet, avec votre pointe dirigée sur son corps, sous le bras, et lorsqu'il tâchera, quand vous exécuterez ce mouvement, de vous opposer par les parades d'octave ou quinte, faites votre second dégagement au-dessus du poignet, et fendez-vous à fond dans les armes, haut ou bas, suivant ce qui vous paraîtra le plus avantageux.

Le coupé et le dégagement est une espèce d'une-deux, qui s'exécute comme il suit : Supposons un engagement en quarte, et que la pointe de l'adversaire soit plus haute que son poignet; levez vivement le fort de votre épée au-dessus de la pointe de l'adversaire; ce qui s'appelle le coupé sur les armes, dirigez ensuite la pointe de votre épée dans la ligne de son corps, au-dessous de son bras; dans cet instant dégagez à la manière ordinaire et fendez-vous à fond.

On fait aussi le dégagement et coupé pour attaque, comme le coupé dégagé, il ne diffère qu'en ce que l'on commence par dégager, et que l'on finit par le coupé. Ces deux attaques se font suivant les mêmes principes. Pour parer le coupé dégagé, s'il est fait dans les armes, on se sert de quarte ou contre de tierce, s'il est fait dessus les armes, parez par tierce ou contre de quarte. Il y a aussi un autre coupé que l'on appelle, *coupé de revers* ; on s'en sert pour riposte après avoir paré prime. Il s'exécute en tournant vivement la main de prime en quarte, de manière que votre lame rase l'épaule gauche sans la toucher, et aussitôt que vous aurez porté votre pointe dans la ligne directe du corps de l'adversaire, fendez-vous à fond, en observant que, pour ce coupé, on ne doit pas changer l'engagement, ni croiser le fer.

Le coupé de revers se pare en portant le coude près du corps, la main tournée, les ongles en l'air (comme à la parade de quarte) et l'épée, la pointe en l'air, penchant obliquement du côté droit, de manière à couvrir entièrement le corps.

On doit observer qu'en spécifiant les parades nécessaires pour la défense de toutes les attaques composées, on suppose que l'on répond exactement aux différentes motions des feintes ; ainsi quand on dit qu'une-deux dans les armes on doit être parée par quarte, on conclut que la partie sur la défensive a répondu à la feinte une, qui a été faite sur les armes, par la simple parade de tierce ou opposition, ayant l'idée que l'adversaire avait seulement l'intention de dégager sur les armes, et, se trouvant trompé, il vient immédiatement à la parade de quarte avec l'intention de faire manquer l'attaque.

DES BATTEMENTS DÉGAGÉS ET BATTEMENTS UNE-DEUX.

On se sert des battements, en assaut, lorsque l'on rencontre une tenue d'épée que l'on appelle *tenue molle*, de laquelle on doit se méfier, et ne pas attaquer de volée, c'est-à-dire sans s'être assuré de l'épée de l'adversaire, soit par un battement, soit par un liement. Faites un battement de la pointe de votre épée sur le fort de celle de l'adversaire, afin d'ébranler sa main qui, sans doute, cherchera à reprendre l'épée après le battement ; dégagez alors sur les armes, et développez. On fait le battement et le dégagé en tierce aussi bien qu'en quarte, d'après les mêmes principes ; seulement, lorsqu'on fait le battement en quarte, on dégage sur les armes, et sur celui de tierce, on dégage dans les armes. Après le battement vous pouvez faire la feinte une-deux, aussi bien de l'engagement de quarte que celui de tierce.

On peut aussi faire les battements en changeant d'engagement, ce que l'on exécute en battant l'épée de l'adversaire dans la ligne opposée à celle dans laquelle on est engagé. Le battement et coup droit peuvent aussi s'exécuter, mais il faut y mettre une grande vitesse, parce qu'il faut profiter du moment où vous chassez le poignet de l'adversaire hors de la ligne pour faire votre développement, ce qui rend ce coup plus difficile que les autres.

FEINTE DE SECONDE.

Cette feinte, qui ressemble beaucoup à celle d'une-deux, s'emploie généralement comme riposte après les parades tierce, prime, ou quinte, et que l'adversaire se remet en garde. Alors baissez la pointe de votre épée dans la position de seconde, en dirigeant votre pointe sous son bras, la main tournée à la position de tierce, en allongeant votre bras ; lorsque votre adversaire aura répondu à votre feinte par la parade d'octave ou de quinte, tournez immédiatement le poignet en quarte, en élevant votre pointe, et fendez-vous à fond. On fait aussi cette feinte, après avoir paré l'attaque par quinte, en avançant seulement l'épée, par l'extension du bras, dans la même position et sur la même ligne ; lorsque l'adversaire aura répondu à votre feinte , dégagez dessus les armes et fendez-vous à fond. L'opposition sur ce coup dépend du côté sur lequel l'adversaire cherche encore à joindre les lames, après avoir été trompé en seconde. Dans cette feinte vous trompez octave ou quinte.

L'opposition que vous devez avoir dans ces feintes dépend de la parade de l'adversaire, ce qui empêche de pouvoir la déterminer, puisqu'il peut parer la feinte de seconde par tierce, prime ou quarte. Si l'adversaire a paré par tierce, comme étant la parade la plus sûre, l'opposition sera en tierce. S'il a paré la feinte par octave, il viendra probablement à la parade de quarte, puisque son poignet est déjà dans cette position ; l'opposition alors sera en quarte.

FEINTE UNE-DEUX-TROIS.

Cette feinte se fait comme celle d'une-deux. Il n'y a qu'un dégagement de plus, en observant que, dans cette feinte, la pointe de l'épée ne doit pas être aussi avancée vers le corps de l'adversaire que dans la feinte une-deux ; mais seulement étendez le bras de manière à porter la pointe vers le poignet de l'adversaire, lorsqu'il tâchera de faire la parade nécessaire, dégagez une seconde fois en avançant graduellement votre pointe, et lorsqu'il voudra venir à une seconde simple parade, dégagez immédiatement une troisième fois en formant la demi-allonge et fendez-vous à fond en prenant l'opposition suivant la parade que l'adversaire aura employée.

Le coupé et une-deux est une espèce d'une-deux-trois ; on peut s'en servir aussi bien pour attaque dans l'engagement de tierce que dans celui de quarte ; on commence généralement par le coupé sur la pointe, quoique ce soit quelquefois le dernier mouvement de la feinte. En faisant la feinte une-deux-trois, ou le coupé et une-deux, l'engagement étant en quarte, on trompe les parades tierce et quarte ; et de l'engagement en tierce, on trompe les parades quarte et tierce.

Remarquez, sans qu'il soit nécessaire d'en faire mention davantage, qu'on doit toujours fermer la ligne du côté où les lames se joignent, pour éviter de donner à l'adversaire occasion de vous atteindre par un coup droit, où, en se fendant, de faire coup pour coup.

On pare les feintes une-deux-trois, le coupé et une-deux, après l'engagement de quarte, par la simple parade de tierce, et, si elles sont faites après l'engagement de tierce, par la simple parade de quarte. On peut aussi parer ces feintes par un contre comme on l'a fait remarquer à la feinte une-deux. Observez cependant que le contre, qui est difficile à exécuter dans la feinte une-deux, le sera encore davantage dans la feinte une-deux-trois, parce que, si les feintes de l'adversaire sont bien faites, la pointe de son épée sera si près de votre corps que l'exécution en sera très difficile.

DU DOUBLE DÉGAGEMENT.

Le double dégagement s'emploie dans tous les engagements. Lorsque l'on se trouve engagé en quarte, on dégage sur les armes, et lorsque l'adversaire tâchera de parer le dégagement par le contre de quarte, dégagez une seconde fois au-dessus de son poignet, et dessus les armes, en vous fendant à fond. Pour exécuter son contre de quarte il est nécessaire que l'adversaire fasse une motion circulaire autour de votre lame, ce qui le ramènera à son premier engagement de quarte ; c'est lorsque ce mouvement circulaire est presque terminé, que l'on fait le second dégagement. Ainsi, les deux mouvements de la feinte commencent dans les armes et se termine dessus. Si l'on commence de l'engagement de tierce, cette feinte s'exécute précisément dans les mêmes printipes : lorsqu'on double sur les armes, on trompe le contre de quarte, et lorsqu'on double dans les armes, en partant de l'engagement de tierce, on trompe le contre de tierce. On pare le double dégagement sur les armes par les parades de contre de quarte, tierce, et celui dans les armes, par contre de tierce, quarte. Si l'on double de l'engagement de cercle ou de prime, les dégagements se font au-dessus du poignet de l'adversaire, et le coup est porté dessous le bras ; alors, on trompe le contre de cercle, ou contre de prime. On pare ce coup par octave ou quinte. Si l'on double de l'engagement d'octave, le coup sera porté dans les armes, avec la pointe dans la ligne de quarte. Le second dégagement doit s'exécuter au moment où l'adversaire prendra son contre d'octave ; on pare ce coup, s'il est porté bas, par le cercle, et par prime ou quarte, s'il est porté haut.

DU TOUR ET DEMI.

Le tour et demi est un dégagement et demi ; on s'en sert pour tromper les parades contre de quarte et tierce lorsque l'on veut simplifier le coup du double dégagement ; on l'exécute de la manière suivante : au lieu de faire deux tours entiers, comme au double dégagement dessus les armes, ne faites qu'un tour et demi, c'est-à-dire menacez d'un dégagement dessus, l'adversaire viendra probablement à la parade de contre de quarte, saisissez le moment où il décrit son cercle, laissez descendre la pointe de votre épée dessous, et tirez dans sa ligne de quarte au lieu d'achever le double dégagement dans la ligne haute dessus les armes ; alors vous aurez trompé contre de quarte et tierce. Le tour et demi, dessous le bras, en partant de l'engagement de tierce, pour tromper les parades de contre de tierce et quarte, se fait de la même manière, par le moyen inverse, en dirigeant la pointe sous le bras. On pare ces coups par cercle, octave, ou quinte.

DU DOUBLE ET DEGAGE.

En partant de l'engagement de quarte on exécute les deux dégagements du doublé comme feinte, et lorsque l'adversaire, après avoir pris son contre de quarte, cherche à former la parade de tierce, ou prime sur le second mouvement (ces deux parades sont les deux seules qu'il puisse faire avec quelque probabilité de succès), saisissez l'occasion, et dégagez une troisième fois, en vous fendant à fond avec le plus de vitesse possible. Vous aurez trompé contre de quarte, tierce, ou contre de quarte prime. La parade que l'on doit prendre est quarte, on peut aussi employer prime, quinte, ou octave.

DOUBLÉ DEGAGE SUR LES ARMES.

Si l'on part de l'engagement de tierce en l'exécute selon les mêmes principes que le doublé dégagé dans les armes ; il n'y a de différence qu'en ce que l'on porte le coup sur les armes au lieu que, pour le doublé, après l'engagement de quarte, le coup est porté dans les armes, et l'on trompe le contre de tierce, quarte, ou prime.

On doit parer ce coup par tierce ou prime. On double et dégage généralement en attaquant ; on peut aussi doubler et dégager en riposte.

UNE-DEUX, TROMPER LE DEMI-CERCLE.

Cette feinte commence de l'engagement en quarte, et s'exécute ainsi : — Dégagez sur les armes, et lorsque l'adversaire tournera son poignet pour prendre la parade de tierce, dégagez une seconde fois avec la pointe un peu basse

Quand il tâchera de former sa parade de cercle, faites un autre dégagement au-dessus de son poignet dans le moment où il baissera sa pointe, et fendez-vous à fond en octave; la botte doit être dirigée sous le bras; par ce mouvement on trompe les parades tierce et cercle; on le pare par octave ou quinte.

UNE-DEUX, TROMPER LE CONTRE.

C'est une feinte que l'on peut commencer de chaque côté de l'épée, mais on la fait plus fréquemment en partant de l'engagement de tierce : dégagez dans les armes en étendant le bras; lorsque l'adversaire aura répondu à cette feinte la parade de quarte, dégagez une autre fois sur les armes, et quand votre adversaire forme le contre de quarte sur ce second mouvement, et avant qu'il ait suffisamment tourné sa lame pour rencontrer la vôtre en quarte, faites votre dernier dégagement sur les armes, et fendez-vous à fond. On fait aussi la feinte une-deux, tromper le contre, d'après les mêmes principes ci-dessus détaillés, en partant de l'engagement de quarte; il n'y a pas de différence qu'en ce que le premier dégagement se fait sur les armes, et que le coup se termine dans les armes.

Dans cette feinte on trompe quarte et contre, lorsqu'on la commence de l'engagement dessus les armes, et l'on trompe tierce et contre en partant de l'engagement dans les armes.

Pour parer ces feintes, si le coup se termine sur les armes, il faut se servir de tierce ou prime; s'il est porté dans les armes, par quarte, et si le coup est porté bas, par cercle, ou quarte basse.

FEINTE DE FLANCONNADE.

Cette feinte se fait seulement de l'engagement de quarte, et lorsque l'adversaire donne assez de jour sous le bras pour pouvoir le menacer de la flanconnade, saisissez alors avec votre fort le faible de la lame de l'adversaire, en baissant de suite la pointe de votre lame, comme si vous vouliez vous fendre en flanconnade, cette feinte le forcera probablement à prendre les parades octave ou quinte, que vous tromperez en dégageant au-dessus de son poignet, dirigeant votre pointe dans les armes, pendant qu'il est dans l'acte de faire l'une ou l'autre de ces parades; dans cette feinte on trompe quinte ou octave.

On pare la feinte flanconnade par quarte lorsqu'on a répondu à la première feinte par octave, et si on a pris quinte, par prime ou tierce.

UNE-DEUX, TROMPER OCTAVE.

On commence cette feinte en dégageant dessus, ou dedans les armes; si l'on commence de l'engagement de quarte, le premier dégagement sera fait sur les armes, et lorsque l'adversaire y répondra par la parade de tierce, baissez la pointe de votre épée, en dégageant sous son bras, ce qui l'obligera probablement de venir à la parade d'octave; ensuite, faites, sans perdre de temps, votre dernier dégagement au-dessus de son poignet, en vous fendant à fond dans les armes.

Dans cette feinte on trompe tierce et octave; ce coup se pare par quarte, prime, ou tierce, mais si le coup est porté bas, par le demi-cercle.

FEINTE DE SECONDE, TROMPER QUARTE.

Cette feinte se commence de l'engagement sur les armes; qu'elle soit faite comme attaque ou riposte, elle s'exécute ainsi : faites la feinte de seconde sans trop avancer votre pointe vers le corps de l'adversaire, dans l'un ou l'autre de ces mouvements, et, lorsqu'il tâchera de parer le dernier par quarte, dégagez sous son poignet pendant qu'il forme sa parade ; et fendez-vous à fond dessus les armes ; dans cette attaque vous aurez trompé les parades de quinte, octave et quarte ; ce coup se pare par tierce, prime, ou contre de quarte.

FEINTE DE SECONDE, TROMPER TIERCE.

Cette feinte ne diffère de la précédente que dans le dernier dégagement qui est porté dans les armes, lorsque l'adversaire cherche à parer le second mouvement de la feinte par tierce. Dans ce coup on trompe les parades d'octave, quinte et tierce. La meilleure parade contre ce coup est quarte.

UNE-DEUX, TROMPER QUARTE DE L'ENGAGE-MENT DU CERCLE.

Faites votre premier dégagement au-dessus du poignet de l'adversaire, en dirigeant votre pointe au-dessous de son bras, et lorsque, sur ce mouvement, il cherchera à se défendre par la parade d'octave, faites votre second dégagement au-dessus de son poignet, vers le dedans des armes, alors il tâchera de faire la parade de quarte, comme étant la plus près pour sa défense, et pendant qu'il la forme faites votre dernier dégagement dessous le poignet, en vous fendant avec rapidité sur les armes. Par cette feinte vous trompez octave et quarte. On la pare par tierce, prime, ou contre de quarte.

DU DOUBLE DES DEUX COTES DE LA LAME.

Le doublé des deux côtés du bras est une feinte trop compliquée pour s'en servir fréquemment dans l'attaque, parce qu'il est difficile de suivre avec succès l'épée de l'adversaire, parmi tant de différentes parades, ce qui rend ce coup d'armes très dangereux. On peut faire cette feinte aussi bien de l'engagement de quarte que de celui de tierce ; si vous doublez et dédoublez de l'engagement de quarte, vous doublerez sur les armes en allongeant le bras, et sitôt que votre adversaire aura pris le contre de quarte, et qu'il viendra rencontrer votre lame par la simple parade de tierce, doublez, sans perdre de temps, dans les armes, et fendez-vous à fond.

Cette feinte, en partant de l'engagement en tierce, se fait d'après les mêmes principes. On trompe dans cette feinte, si on la commence de l'engagement de quarte, le contre de quarte, tierce, et le contre de tierce, et l'on pare ce coup, s'il est terminé dans les armes, par quarte, et s'il finit dessus les armes, par tierce.

Huitième Section.

DES COUPS DE TEMPS.

Pour prendre les coups de temps, il est nécessaire de posséder un grand jugement, une profondeur de dessein, et beaucoup de précision, parce que, pour les exécuter, il faudrait pouvoir découvrir l'attaque que médite votre adversaire, et posséder assez de vitesse et de précision dans vos mouvements pour saisir immédiatement le coup de temps quand l'adversaire commence sa feinte, où lorsqu'il développe, selon que l'exige la circonstance.

Il y a deux espèces de coups de temps, l'un en opposition, et l'autre sans opposition.

DU COUP DE TEMPS EN OPPOSITION.

Pour exécuter ce coup, il faut que vous soyez strictement en opposition ; il est plus régulier que celui sans opposition, parce que l'on est moins exposé à faire coup pour coup, ou coup mutuel. Il faudrait pouvoir être certain, pour le succès de ces coups, de quel côté du corps l'attaque de l'adversaire se terminera, parce que le coup de temps doit être pris sur le dernier dégagement de sa feinte, quelque compliquée qu'elle puisse être.

Il y a deux coups de temps en opposition, celui sur les armes, et celui en octave ; le premier est applicable à tous les coups simples ou compliqués, pourvu que l'adversaire fasse son attaque sur les armes. Supposez un engagement sur les armes, forcez, en tournant la main en tierce, la lame de votre adversaire pour l'ôter de la ligne du corps du côté où les lames se joignent, en découvrant le dedans des armes. L'adversaire vous voyant ainsi découvert s'imaginera probablement que vous voulez qu'il vous attaque par un dégagement dans les armes, et que vous le parerez par un contre de tierce, parce qu'il vous voit la main dans cette position. L'attaque qu'il doit naturellement faire dans cette circonstance sera un doublé dans les armes.

Le coup de temps, sur le doublé, sera en quarte ; l'adversaire commence son attaque en dedans des armes, en faisant un simple dégagement que vous parerez par contre de tierce ; il complétera alors son doublé pour tromper votre parade ; pendant son dernier dégagement, et le développement qui doit s'en suivre, tournez votre main en quarte, en dirigeant la pointe sur son corps, et fendez-vous à fond, en opposition de quarte ; il ne faut quelquefois qu'une demi-allonge, selon la proximité de l'adversaire.

L'on saisit aussi le coup de temps en octave, et il n'y a d'autre différence avec le coup ci-dessus, qu'en ce que, lorsque votre main prend la position de quarte, vous croisez immédiatement la lame de l'adversaire, en dirigeant la pointe sous son bras, de manière qu'en complétant son développement il ait sa lame détournée de la ligne de votre corps par l'opposition de la vôtre en octave. Le coup de temps en octave s'exécute ainsi : Supposez l'engagement en quarte, et que l'adversaire vous attaque par un dégagement sur les armes, ce coup est exposé au coup de temps en octave ; au moment où l'adversaire passera le bouton pour exécuter son dégagement, baissez immédiatement la pointe de votre épée, en la dirigeant sous le bras de l'adversaire, sans que le poignet perde sa position, fendez-vous à fond, et vous aurez ainsi saisi le coup de temps en octave.

DES COUPS DE TEMPS SANS OPPOSITION.

Les coups de temps dans lesquels l'opposition n'est pas essentielle se saisissent principalement lorsque l'adversaire se découvre dans ses feintes, ou lorsqu'il en fait de trop, ce dont on doit profiter. Supposons que l'adversaire marche sur vous en changeant l'engagement ; comme, par ce mouvement, il s'expose au coup de temps sans opposition, vous devez le saisir au moment où l'adversaire s'avance, autrement ce coup de temps serait dangereux.

Lorsque vous aurez fait une attaque contre l'adversaire, et qu'il aura paré, s'il quitte votre lame pour riposter par une feinte, avant que vous ayez repris votre garde, il s'expose encore à ce coup de temps, dont le vrai nom est remise (coup d'arme dont on a déjà parlé). Enfin, on peut employer ce coup avec avantage sur toutes les attaques irrégulières, ou lorsque la pointe de l'épée de l'adversaire s'écarte de la ligne en faisant des feintes incorrectes. Dans l'exécution de ce coup de temps il faut toujours se fendre, parce que l'on fait ce mouvement pendant les feintes de l'adversaire, et non sur le dernier dégagement, comme dans les coups de temps en opposition.

Il ne sera pas hors de propos de dire ici que si l'adversaire vous touche dans l'acte de saisir un coup de temps, avec ou sans opposition, ce qui proviendra de ce que vous aurez mal jugé l'attaque, ou mal exécuté le mouvement, le coup sera compté bon pour l'adversaire, malgré que vous ayez fait coup pour coup.

Lorsqu'on exécute bien le coup de temps en opposition, c'est un des plus beaux mouvements des armes, mais les commençants ne doivent l'essayer que rarement, parce qu'il y a certitude d'être touché, si l'on ne juge pas bien l'attaque de l'adversaire. Le danger est encore plus grand dans les coups de temps sans opposition, parce que la réussite dépend entièrement de la largeur et de l'irrégularité des feintes de l'adversaire.

Neuvième Section.

DU DÉSARMEMENT.

On ne doit pas se servir du désarmement sur le terrain, parce qu'il est presque inutile, et que l'on s'expose au plus grand danger.

On pourra vous désarmer toutes les fois que vous vous trouverez engagé en quarte, si l'adversaire, pour maîtriser votre épée, tourne sa main vivement et avec force, en liant le fort de sa lame sur le faible de la vôtre, de quarte en quinte, et en dirigeant sa pointe vers votre corps, dessous le bras; ce mouvement est le même que la flanconnade, excepté qu'il faut le faire avec plus de violence, et que la main, pendant son exécution, doit être à la position de quinte.

On pourra aussi vous désarmer toutes les fois que vous vous laisserez surprendre par l'adversaire, lorsqu'il change subitement l'engagement de quarte en tierce, s'il frappe avec force le faible de votre épée avec le fort de la sienne, par ce mouvement vous serez désarmé, ou il chassera suffisamment hors de la ligne la pointe de votre épée pour pouvoir vous toucher avant que vous vous remettiez en ligne.

Chaque fois que vous ne vous relèverez pas vitement en garde, après avoir attaqué l'adversaire, qui aura paré prime, il pourra vous désarmer, s'il renverse la prime en tournant avec vitesse sa main de prime en quarte, en liant votre fer du dessous au-dessus de la pointe; ce qu'il doit faire avant que vous vous remettiez en garde, et tandis que votre poignet sera plus haut que votre pointe. Si l'adversaire tire ce désarmement avec force et vitesse, sans cependant écarter sa pointe, qui est dirigée sur les armes, il se rendra maître de votre épée, et si vous n'êtes pas désarmé, la pointe de votre épée sera suffisamment chassée de la ligne pour que l'on puisse vous toucher avant que vous puissiez reprendre la défensive. Pour tromper presque entièrement le dessein du tireur qui cherche à vous désarmer, vous vous servirez des moyens suivants ; Lorsque vous tjoindrez les lames, en vous mettant en garde, portez le fort de votre épée assez en avant pour l'opposer au faible de celle de l'adversaire, et tenez votre bras de manière à pouvoir le raccourcir, comme si vous vouliez exécuter le coupé sur la pointe, ce qui tromperait l'adversaire si vous l'exécutiez au moment qu'il tire le désarmement. Si vous tenez la pointe de votre épée plus haute que le poignet, cela empêchera aussi l'adversaire de tirer des désarmements, parce qu'il ne pourra se rendre maître de votre fer.

On a parlé du désarmement, malgré le peu d'usage qu'on doit en faire, seulement pour donner à l'élève une idée de ce coup; car, toutes les personnes qui vont sur le terrein font usage d'une dragonne pour assurer l'épée dans la main.

Dixième Section.

DES CONTRES.

La pratique fréquente de tirer les contres est importante aux jeunes tireurs; ils doivent y faire une attention toute particulière, parce que cet exercice les instruit mutuellement.

On commence les contres, et on les continue aussi longtemps qu'il est agréable aux deux parties. Les deux tireurs se placeront en garde, en quarte, d'après les principes ci-devant indiqués, et à une distance qui permette en développant, de toucher légèrement l'adversaire. Le plus jeune des tireurs laissera commencer les dégagements à son antagoniste, ce qu'il fera en lui pressant la lame hors de la ligne de son corps; alors l'adversaire dégagera en se fendant à fond sur les armes; ce dégagement sera paré par le contre de quarte, en conservant bien la position, puisqu'il n'y a que le poignet qui doit agir. L'adversaire, après être resté fendu pendant quelques secondes, pour s'assurer de son aplomb dans le développement, se remettra en garde, en pressant naturellement votre lame hors de la ligne de son corps, ce que l'on doit faire toutes les fois qu'on se relève en garde après une attaque, pour fermer la ligne du coup droit; aussitôt qu'il aura repris sa position de garde, dégagez immédiatement sur lui. et il doit parer de la même manière que vous avez paré auparavant, c'est-à-dire par le contre de quarte; vous continuerez alternativement à dégager l'un sur l'autre et à parer, jusqu'au moment où vous verrez que tous vos mouvements sont exécutés correctement.

Il faut avoir soin de ne pas dégager trop tôt, c'est-à-dire avant que l'adversaire ait repris sa position de garde; car si vous n'observez pas très particulièrement cette règle, il doit vous arrêter par le coup de temps, qui a été expliqué sous le nom de remise.

Après que vous aurez fait et paré des dégagements l'un sur l'autre, vous pourrez tromper le contre de quarte, en doublant sur l'adversaire, sans qu'il soit nécessaire de l'en prévenir, parce qu'en faisant des armes on doit toujours, après avoir paré un contre, venir à une parade simple. L'adversaire, après avoir suivi votre lame, pour prendre son contre de quarte, ne la trouvant pas, viendra naturellement à la parade de tierce, et lorsque vous vous remettrez en garde, en pressant sa lame hors de la ligne de tierce, il dégagera dans les armes, et vous parerez ce dégagement par la simple parade de quarte, ce qui mettra les lames dans la position de quarte, et vous pourrez continuer de pratiquer comme auparavant.

On commence aussi les contres de l'engagement de tierce, et ils s'exécutent d'après les mêmes principes.

On ne peut trop recommander cette pratique aux jeunes tireurs, parce qu'elle leur donne de la précision dans leurs mouvements, leur apprend le temps propre pour faire leurs ripostes, après avoir paré les attaques de l'adversaire, leur fait connaître le danger de quitter trop tôt la lame de l'antagoniste, et leur délie le poignet pour pouvoir former aisément toutes les parades.

On tire aussi les doubles contres qui sont des doubles dégagements tirés dessus ou dedans les armes, et que l'on pare par double contre en observant les principes ci-dessus indiqués. Cet exercice ne se fait faire aux élèves que pour leur délier le poignet, car il serait imprudent en faisant des armes, de vouloir parer un double dégagement par un double contre.

En se conformant aux mêmes principes, on peut tirer les contres simples et doubles, en tout engagement, puisque chaque parade a son contre et double contre.

Onzième Section.

DU SALUT, ET DE L'EXERCICE DU MUR.

L'exercice du mur n'est composé que de simples dégagements tirés de convention dessus et dedans les armes, et parés par la simple parade de tierce, lorsqu'on dégage sur les armes, et par quarte lorsqu'on dégage dedans. Cet exercice se fait généralement avant de commencer l'assaut, et s'il est fait avec précision, il donne l'aplomb, la vitesse, la fermeté et la justesse dans l'exécution du dégagement qui est le coup le plus utile, puisqu'il termine tous les coups d'armes, les autres mouvements d'épée qui le précèdent n'étant que des feintes, ou des menaces. Les deux tireurs se placeront vis-à-vis l'un de l'autre, et à la première position : ensuite, ils se mettront en garde en engageant l'épée en quarte; alors ils feront ensemble deux appels du pied droit, et ils reprendront la première position, en rapportant le talon droit au talon gauche, et en élevant la main droite à la hauteur du sommet de la tête, les ongles en l'air, le bras étendu obliquement à droite pour découvrir le corps, et la pointe de l'épée un peu plus basse que le poignet; c'est ce que l'on appelle ouvrir les armes. Ensuite ils s'inviteront réciproquement à commencer, le plus jeune, par politesse, laissera commencer l'adversaire qui acceptera pour finir toute cérémonie; alors ce dernier placera son épée en ligne, en étendant le bras dans la direction du corps de l'adversaire, et développera, en observant de ne pas le toucher, parce qu'il est sans défense; il perdra un temps sur le développement afin de s'assurer de sa position ; c'est ce qu'on appelle prendre sa mesure. Ensuite il se relèvera en garde, et fera deux appels du pied, et reprendra l'attitude dans laquelle il se trouvait avant de développer ; il saluera par un mouvement de la main et de l'épée, en les portant à gauche dans la position de quarte, et à droite dans la position de tierce. Pour saluer l'adversaire, il pliera le bras, en rapprochant le poignet du corps à la hauteur de la cravatte, la pointe plus haute que la main, et en ligne de son corps; il étendra le bras, tournera le poignet en tierce, et baissera sa pointe en décrivant un cercle avec son épée en face de son corps, en faisant un mouvement circulaire avec le bras droit, et élevant le gauche par un mouvement semblable, de manière à ce que les bras se croisent au milieu du corps.

Le plus jeune fera ensuite les mêmes mouvements, et, après s'être réciproquement salués, ils se mettront en garde en engageant l'épée de quarte. Celui qui a laissé prendre la mesure doit avoir soin de se mettre en garde en portant la jambe gauche en arrière, sans quoi il serait trop près de l'adversaire. Après ces préliminaires, le tireur dégagera sur les armes, ce que l'autre parera par la simple parade de tierce, et baissera ensuite la pointe de son épée en la dirigeant sur le corps de l'adversaire, dessous le bras, comme si l'on voulait riposter seconde, ayant soin de ne pas le toucher. Après cette parade, le tireur ôtera la pointe de son épée, qui est dirigée sur le corps de l'adversaire, en ouvrant les deux derniers doigts qui se trouvent près du pommeau, et ren-

2.

versera son épée le long du bras, de manière que la pointe soit vis-à-vis de la poitrine, en observant que l'on doit voir l'adversaire entre le fleuret et le bras. Après être resté un instant dans cette position, il remettra sa pointe dans la ligne du corps de l'adversaire, et se relèvera en garde. Le pareur, qui n'aura pas perdu sa position dans ce dernier mouvement, engagera le dernier en tierce; de cet engagement, le tireur dégagera dans les armes, ce qui sera paré par quarte, baissant ensuite la pointe comme pour riposter quarte basse, sans cependant toucher. Le tireur exécutera le même mouvement de renverser l'épée qui, parce que l'on a paré quarte, se trouvera le long du bras, sur l'épaule droite. Lorsque le tireur aura fait une douzaine de dégagements, dessus et dedans les armes, que l'adversaire aura toujours parés par quarte et tierce sans perdre sa position de garde, il frappera deux fois du pied droit, se mettra à la première position en ouvrant les armes; alors, le pareur étendra le bras droit, et développera pour prendre sa mesure; après avoir perdu un temps dans cette position, il se relèvera en garde, fera deux appels, et reviendra à la première position dans laquelle son antagoniste est déjà placé. Ils recommenceront ensemble le salut à gauche et à droite, se salueront de nouveau, et se mettront en garde dans l'engagement de quarte. Alors, celui qui aura déjà exécuté ses dégagements parera à son tour tous ceux qu'on lui fera en-dessus et en dedans des armes, par les simples parades de tierce et de quarte, ayant scrupuleusement soin de suivre les principes ci-dessus indiqués. Aussitôt qu'il aura fini ses dégagements, le tireur, de la position de garde, fera deux appels du pied droit, que le pareur doit immédiatement répéter; ils reprendront ensemble la première position en ouvrant les armes, ils se mettront en garde en arrière, en échappant la jambe gauche, ils feront deux appels du pied et reprendront la première position en rapportant le talon gauche au talon droit, d'où ils recommenceront le salut pour la troisième fois. Sitôt qu'il sera terminé les deux parties se mettront en garde, de la jambe droite, en faisant encore ensemble deux appels, et finiront en se mettant à la première position en avant, qui est de porter le talon gauche au talon droit. Dans cette position, ils engageront les épées en quarte, en portant le poignet à la hauteur du front, la lame inclinée à droite, et la pointe un peu plus haute que le poignet. Tous ces mouvements doivent être correctement faits par les deux tireurs avec tout l'ensemble et toute la grâce possibles.

Douzième Section.

DE LA MANIÈRE DE JOINDRE LES LAMES POUR FAIRE ASSAUT.

La première chose à laquelle on doit faire attention est la manière de prendre sa position de garde, parce que l'on est exposé à l'attaque de l'adversaire, qui doit toujours être prêt à prendre avantage de la moindre faute. Pour ne point être surpris par une attaque soudaine, en prenant position, placez-vous hors de distance, parce qu'il est plus avantageux de laisser l'adversaire attaquer le premier, étant hors de distance, il vous sera plus facile de joindre sa lame à volonté, et, par conséquent, d'être toujours préparé à la défense.

Si l'adversaire ne bouge pas de sa position, ni pour se mettre à distance, ni pour vous attaquer, marchez à l'épée d'une semelle, en joignant le fort de votre lame au faible de la sienne, de manière que vous puissiez presser sa pointe hors de la ligne de votre corps, du côté où les lames se croisent, ce qui vous donnera l'avantage considérable que l'on va tâcher de faire voir par l'explication ci-après.

Lorsque vous fermez la ligne du coup droit, vous découvrez le corps de l'adversaire dans la même proportion que vous couvrez le vôtre, et, par la supériorité que l'on acquiert en opposant le fort au faible, vous aurez une occasion favorable de tirer le coup droit sans quitter le fer; ce coup est un des plus sûrs dans les armes.

Si vous serrez pour prendre votre distance, il est très important de fermer la ligne du coup droit, parce que, si l'adversaire vous attaque pendant ce mouvement, il faut qu'il quitte le fer pour pouvoir profiter de l'occasion que vous lui donnez; vous pourrez alors, avec sûreté, développer sur son corps, ce qui frustrera son attaque.

Il est aussi avantageux de fermer la ligne du coup droit lorsque l'adversaire marche pour se placer à distance, parce que vous aurez une excellente occasion pour tirer le coup droit, soit qu'il baisse le poignet, soit qu'il change d'engagement.

Enfin, lorsqu'on croise les lames, on doit toujours fermer la ligne du coup droit, parce que l'adversaire sera obligé de changer d'engagement, ou de faire quelque feinte, ce qui ne peut que vous être avantageux, puisque vous prévoyez la nécessité dans laquelle il se trouve de faire l'un ou l'autre de ces mouvements.

Dans l'assaut on doit souvent essayer des coups droits, et des simples dégagements que l'on doit tirer avec vigueur et promptitude, quand même ils ne réussiraient pas, principalement lorsqu'on fait des armes avec une personne dont on ne connaît pas la manière de tirer; par ce moyen, on pourra connaître ses parades favorites, que l'on trompera avec plus de facilité (1).

Lorsque l'on fait des armes, on doit entièrement s'occuper à découvrir et à frustrer les desseins de l'adversaire, et à avoir toujours la main prête à exécuter ce que l'esprit a conçu.

Treizième Section.

DES RIPOSTES.

Si vous avez paré l'attaque de l'adversaire par quarte, ou contre de quarte, s'il a la main haute, ripostez en laissant descendre la pointe de votre épée dans la ligne de dessous, dans les armes; c'est ce qu'on appelle quarte basse; si vous avez paré par tierce, ou contre de tierce, ripostez seconde, et si vous avez paré par quarte sur les armes, baissez la pointe sans changer la position du poignet, et ripostez dessous le bras, dans la même ligne que la riposte de seconde.

Si l'adversaire n'a pas la main haute, après que vous aurez paré comme ci-dessus, vous pourrez riposter droit dans les deux lignes; en cas de pression, ripostez en dégageant dessus ou dessous. Lorsque vous aurez paré l'attaque de l'adversaire par quarte, ou contre de quarte, et que sa pression vous obligera de riposter par un dégagement, si vous voulez le faire dans la ligne de dessous, vous dégagerez en dirigeant votre pointe sous le bras, et exécuterez le développement. Dans le cas où vous auriez paré l'attaque par tierce, ou contre de tierce, et que vous voulussiez dégager dans la ligne de dessous, dans

---

(1) Dans les attaques exécutées de pied ferme on court moins de danger que dans celles que l'on exécute en avançant.

les armes, vous dégagerez en dirigeant votre pointe à la hauteur de la ceinture, dans les armes, et vous développerez,

Quatorzième Section.

DES COUPS COMPTÉS BONS DANS LES ARMES.

D'après une règle établie par les maîtres de l'art pour perfectionner la pratique et la précision des tireurs, aucuns coups ne sont comptés bons, en assaut, que ceux portés depuis la ceinture jusqu'au col, du côté droit, le bras excepté. Ils disent que si l'on pouvait encore réduire le diamètre de la partie sur laquelle les coups sont considérés bons, les amateurs n'en acquerraient qu'un meilleur coup d'œil et plus de justesse dans leurs bottes.

Quinzième Section.

DES PARADES.

On enseigne ordinairement, comme moyen de défense, huit parades, qui sont : quarte, tierce, demi-cercle, octave, prime, quinte, seconde et sixte. Mais, de ces huit parades, les six premières sont les principales : seconde n'étant absolument que quinte, portée deux doigts plus haut, et sixte, qui est quarte sur les armes, n'est que la parade de tierce, faite avec la main en quarte ; c'est pourquoi on n'a parlé dans ce traité que des six premières parades.

Chaque parade a son contre, et son double, ce qui donne au pareur la facilité de pouvoir, à volonté, varier ses parades, et le tireur n'étant pas sûr de laquelle on se servira, aura beaucoup moins d'avantage sur le pareur.

Les contres ont toujours été recommandés par les professeurs comme les parades les plus certaines, car ils couvrent le dessus, le dessous, le dedans, et le dehors du corps, ce qu'il serait presque impossible de faire par de simples parades, avec un tireur égal en force. Lorsque le cercle que l'on doit faire pour prendre le contre est décrit avec précision, et sans bouger ni le corps, ni le bras, le poignet seul devant agir, on sera presque sûr de défendre toutes les lignes du corps dans lesquelles on est susceptible d'être attaqué.

On doit faire attention, en prenant le contre de tierce, de reculer un peu la tête en parant ; car, en exécutant cette parade, on ramène le fer de l'adversaire sur soi, dans la direction du visage.

COUPS SUPPLÉMENTAIRES DE RIPOSTE.

Après la parade de quarte on peut riposter le coup droit, le dégagement, le coupé, la-seconde, le tour d'épée, le liement et la tierce sur tierce.

Dans la ligne de quarte, par le contre de quarte, le contre de tierce, deux fois le contre de quarte, contre de quarte et tierce, contre de tierce et quarte, on peut aussi riposter par les coups ci-dessus dénommés.

En un mot, n'importe le coup porté par l'adversaire, son antagoniste peut le parer au moyen d'une des parades sus-désignées.

TABLE.

PREMIÈRE SECTION.

	Page.
Première position.	1
Deuxième position	1
Marcher à l'épée.	2
Rompre à l'épée	2

DEUXIÈME SECTION.

Parade de quarte	2
Parade de tierce.	2
Parade de demi-cercle.	2
Parade d'octave.	3
Parade de prime.	3
Parade de quinte.	3
Contre de quarte.	3
Contre de tierce.	3

TROISIÈME SECTION.

Demi-allonge.	4
De la fente, ou développement.	4
Pour se remettre en garde.	4

QUATRIÈME SECTION.

DES COUPS DROITS.

Quand et comment on doit tirer les coups droits.	4
De l'opposition	5
De la parade des coups droits.	5

CINQUIÈME SECTION.

DES DÉGAGEMENTS.

Quand et comment on doit se servir des dégagements	6
De la parade des dégagements.	6

SIXIÈME SECTION.

De la manière de lier le fer.	7
De la parade de la flanconnade.	7

SEPTIÈME SECTION.

Des feintes une-deux.	8

PARADE D'UNE-DEUX.

Comment on doit parer la feinte une-deux.	8

	Page.
Des battements dégagés et battements une-deux.	9
Feinte de seconde.	9
Feinte une-deux-trois.	10
Du double dégagement.	10
Du tour et demi.	11
Du doublé et dégagé.	11
Doublé dégagé sur les armes.	11
Une-deux, tromper le demi-cercle.	11
Une-deux, tromper le contre.	12
Feinte de flanconnade.	12
Une-deux, tromper octave.	12
Feinte de seconde, tromper quarte.	12
Feinte de seconde, tromper tierce.	13
Une-deux, tromper quarte de l'engagement du cercle.	13
Du doublé des deux côtés de la lame.	13

HUITIÈME SECTION.

Des coups de temps.	13
Du coup de temps en opposition.	14
Des coups de temps sans opposition.	14

NEUVIÈME SECTION.

Du désarmement.	15

DIXIÈME SECTION.

Des contres.	16

ONZIÈME SECTION.

Du salut, et de l'exercice du mur.	17

DOUZIÈME SECTION.

De la manière de joindre les lames pour faire assaut.	18

TREIZIÈME SECTION.

Des ripostes.	19

QUATORZIÈME SECTION.

Des coups comptés bons dans les armes.	20

QUINZIÈME SECTION.

Des parades	20
Coups supplémentaires de riposte.	20